Les maux des Dirigeants

Du même auteur

Elle avait grandi Roman
Autoédition dunes et vents Copy-média 1er trimestre 2008

YVES BRARD

Les maux des Dirigeants
Alphabet satirique

ILLUSTRATIONS
ISABELLE KARPIEL

Le code de la propriété intellectuelle interdit les copies ou reproductions destinées à une utilisation collective. Toute représentation ou reproduction intégrale ou partielle faite par quelque procédé que ce soit sans le consentement de l'auteur ou ses ayants cause, est illicite et constitue une contrefaçon, aux termes de l'article L.335-2 et suivants du Code de la propriété intellectuelle.

Copyright © Yves Brard 2017
Publication 2017
Edition : Yves Brard – Ile de France
Achevé d'imprimer en avril 2017
Dépôt légal : avril 2017

ISBN n° 978-2-9531123-1-3

Mise en page et distribution du livre :
www.ebook-creation.fr
L'auto-édition facile !

Si la girouette pouvait parler, elle dirait qu'elle dirige le vent
De Jules Renard

Les dirigeants ne naissent pas, ils sont fabriqués
De Warren Bennis

Un grand dirigeant commande par l'exemple et non par la force.
De Sun Tzu / L'art de la guerre

La vertu est difficile à découvrir ; elle demande quelqu'un qui la dirige et la guide, les vices s'apprennent même sans maître
De Sénèque / Questions naturelles

Remerciements

Merci à ma famille qui m'entoure, ils me donnent leur amour et leur confiance et je puise chaque jour à cette source pour aimer la vie même quand elle me chahute.

Merci à mes lectrices de la première et de la dernière heure ! Astrid, correctrice et conseil, supportrice inconditionnelle mais toujours lucide ! Céline, Diane, Élisabeth, Orit, Sylvie leur enthousiasme et leurs encouragements m'ont motivé pour enfin aboutir !

Merci à Isabelle Karpiel ex-membre de ma dream team RH reconvertie dans le dessin, pour son talent. Sa connaissance du milieu de l'entreprise tout autant que des lubies de son ex-manager lui ont permis de coller à merveille à l'esprit du texte.

Merci enfin à tous mes lecteurs anciens et futurs pour leur confiance, j'espère que ce petit recueil les fera sourire et se réjouir de voir enfin brocardés leurs dirigeants !

A

Actions

Nos dirigeants sont des hommes d'action. Ils ne savent pas toujours pourquoi ils agissent, mais comme l'idée de l'immobilisme les pétrifie, ils s'agitent en permanence genre shaker entre les mains d'un barman branché.

Ils ont adopté le précepte « *C'est en marchant qu'on fait le chemin* », non pas qu'ils en aient compris le sens profond, mais ils trouvent cela extraordinairement pratique en ces temps où personne ne sait où l'on va.

Ils élaborent régulièrement des plans d'actions stratégiques pour lutter contre l'incertitude et la complexité dont ils nous rebattent les oreilles. Leur stratégie se résume le plus souvent à se laisser porter par les différents courants en vogue en essayant de ne pas prendre l'eau ! Dans cet exercice, il leur arrive de ramer en arrière et de tourner en rond sans même s'en apercevoir.

Pour se rassurer face à l'angoisse du lendemain, ils déclinent heure par heure dans leurs agendas, leur programme pour les deux ans à venir ! Faut bien une bouée de secours quand on nage en eaux troubles !

Ils font de l'activisme pour éviter de sombrer dans le doute existentiel du type : mon parachute sera-t-il aussi doré que ma jeunesse ?

Ils rêveraient d'agir toujours comme ils le veulent, hélas ! Ils dépendent toujours d'un suzerain. Ça les agace profondément de devoir encore prêter allégeance à quelqu'un mais ça entretient leur ambition. Et puis tant qu'ils sont adoubés et récompensés à leur juste valeur, ils font contre bonne fortune mauvais cœur.

Adaptabilité

Nos dirigeants sont structurellement adaptables. Personne ne sait très bien à quoi puisque leurs désirs sont des ordres et que chacun a plutôt l'impression de devoir s'adapter en permanence à leurs exigences. Vous restez sceptique ? Je le prouve !

Par exemple, ils s'adaptent parfaitement aux augmentations de salaires qui les concernent (beaucoup moins à celles des autres il est vrai). Ils s'adaptent de même assez spontanément aux stock-options, aux retraites chapeaux, aux voyages en classe affaires dans les pays lointains pour sauver la planète.

Ils s'adaptent également remarquablement aux soubresauts du marché. Le cours de Bourse baisse, qu'à cela ne tienne, ils mettent aussitôt au four un plan de compétitivité.

Voici la recette : 100 grammes de baisse de salaires, 200 grammes de temps de travail supplémentaire par semaine, 50 grammes de licenciements (attention bien respecter les proportions, trop de licenciements peut faire retomber le plan), enfin 250 grammes de délocalisation en Azerbaïdjan (si vous n'avez pas d'Azerbaïdjan sous la main, vous pouvez remplacer par du Kosovo ou encore du Turkestan mais attention la pâte risque de moins lever). Avouez que c'est du gâteau !

Mais malgré cette agilité, il leur reste quelques points de progrès à faire. L'hypothèse d'une réduction de la grande échelle des salaires à la taille d'un escabeau les fait se crisper. Enfin, notons une certaine réticence à s'adapter à la nouvelle danse du moment, baptisée valse des dirigeants. Sans doute un manque de souplesse de l'échine, résultat d'un déficit de conditionnement. À inscrire impérativement dans les objectifs de l'année prochaine !

Adresser
C'est le nouveau mot en vogue en entreprise. Sans doute qu'à force de mélanger l'anglais et le français, le sens des mots se perd et nos dirigeants en viennent à adresser tout ce qui bouge. Ils adressent des problèmes, des questions, des recommandations, des politiques, des vœux, j'en passe et des pires. La seule chose qu'ils n'adressent pas ce sont les enveloppes (mais par contre ils en reçoivent !). Le must du moment ? *« Je crois qu'il y a un petit sujet à adresser by the way »*, démerde-toi avec ça !

Agenda
Outil indispensable, alibi prodigieux, boite noire, fourre-tout, qu'il soit électronique ou en peau de crocodile, son remplissage témoigne de votre importance. Si vous n'avez aucun créneau de disponible avant deux mois, vous faites définitivement partie du gratin même si vous n'êtes pas Dauphinois. (Oui je sais, elle est facile mais je trouve que ça détend !)

Moins disponible qu'un candidat aux élections présidentielles en campagne ou, plus prosaïquement, qu'une place assise dans le métro aux heures de pointe, j'ai nommé le dirigeant, le vrai. Aucun risque que l'on sache que vous êtes au golf, personne ne challenge votre planning. Et puis si d'aventures vous y êtes, c'est évidemment pour le job, et non pas pour putter plus haut que votre cul ! D'ailleurs si votre assistante est dévouée (c'est généralement le cas, car c'est vous qui la payez), les mailles de votre filtre à huiles sont suffisamment resserrées pour éviter toute confrontation entre vos hypothétiques rendez-vous et la réalité.

Agilité

Ça fleurit dans tous les discours actuels des mastodontes du CAC 40[1] qui s'aperçoivent tardivement que leur embonpoint chronique les empêche de sauter sur les aguichantes opportunités de passage. Du coup, pas un discours sans qu'on vous parle d'agilité. J'ai passé l'âge de faire les pieds au mur, et j'ai plutôt l'impression qu'il s'agit d'encourager le plus possible de salariés à faire le mur !

Agilité dans la bouche du patronat est un euphémisme qui cache des contorsions dignes d'un transformiste. En langage décodé ça donne : Je voudrais licencier quand je veux, réorganiser quand je veux, augmenter le temps de travail quand je veux et embaucher si je veux. Une pensée agile est une pensée qui suit les méandres filandreux de celle de votre patron. Accrochez-vous c'est parti pour le grand looping, la tête en bas, le cœur à l'envers, la grande roue de la transformation vous embarque dans sa nacelle.

- Chef, chef, ça y est je suis agile mais j'ai dégueulé partout !
- C'est le métier qui rentre mon petit Robert, dans ce monde il ne faut pas avoir le cœur trop sensible.

Ambition

C'est la deuxième mamelle à laquelle se nourrissent nos Dirigeants, juste derrière la vision. Ils se shootent à l'ambition qui gonfle parfois jusqu'à la démesure. Au passage elle gonfle aussi les salariés qui n'en peuvent plus d'entendre que leur Groupe doit devenir le leader mondial des couches-culottes, des poêles à frire ou des éoliennes marines. Des mauvaises langues répandent que certains confondraient ambition de l'entreprise et ambition personnelle et s'occuperaient surtout de la croissance de leur patrimoine. Hou que c'est vilain de dire du mal ! Honni soit qui manigance !

Si, nonobstant l'état de votre dentition, vous avez réussi à rayer quelques parquets en chêne massif, votre avenir s'annonce radieux. Si tout le monde se tait et baisse la tête quand vous

---

[1] CAC 40 Principal indice boursier de la Bourse de Paris

passez dans les bureaux, vous êtes sur la bonne trajectoire, on vous craint. Il ne vous reste plus qu'à vous faire détester, pour rejoindre la caste des hauts potentiels. La démesure de votre ambition se mesure au nombre de cadavres que vous laissez sur votre passage. Si parmi ces derniers certains étaient « des amis proches », vous êtes dans le jargon entrepreneurial un « tueur ».

Attention cependant aux maladresses qui pourraient nuire à votre image. Si le mobilier design sur mesure acquis à prix d'or que vous avez vous-même choisi ne rentre pas dans votre bureau, c'est le signe que votre ambition déborde. N'oubliez pas que sous votre impulsion de visionnaire, les bureaux ont subi les avatars des plans de productivité successifs. D'aucuns pourraient penser que vous avez pris la grosse tête, prudence !

Anticipation

C'est ce qu'on serait en droit d'attendre de nos dirigeants. Las, plus généralement, ils s'évertuent surtout à surfer sur les courants sans se laisser emporter par les flots tumultueux de l'innovation !

- Papa, tu connais Instagram ?
- Bien sûr, mon chéri, am stram gram pic et pic et colégram, bour et…
- Laisse tomber, papa, t'es relou.

Comme nos dirigeants sont élevés au principe de précaution et pessimistes par nature, ils anticipent surtout les crises, même quand il n'y en a pas (c'est louche, elle va bien arriver, ne suis-je pas visionnaire ?). Par précaution, ils lancent des plans de rigueur dès qu'une grenouille pète à Pékin. Comme toujours ils s'attaquent aux symptômes et non aux causes, car la question pertinente aurait consisté à se demander qu'avait bien pu manger cette grenouille pour qu'on l'entende péter de Pékin à Paris !

Audace

Après des années de chapes de plomb, coulées sur toutes velléités d'initiatives, nos dirigeants nous invitent à l'audace ! Alors que dans l'entreprise tout écart à la norme, tout échec est stigmatisé ou sanctionné, l'audace deviendrait une vertu !

Eh oui, mais la crise est passée par là et après avoir coupé les ailes aux salariés et les avoir mis en cage, nos dirigeants voudraient qu'ils prennent leur envol dans l'espoir qu'ils rapportent de quoi donner la becquée à la couvée. Mais il faudrait autre chose que des discours pour que les choses évoluent.

- Chef, j'ai fait preuve d'audace comme vous me l'avez demandé.
- Bien, bien Martin et qu'est-ce que vous avez fait ?
- Chef, vous savez que nous étions en forte concurrence sur le contrat de traitement des déchets avec la ville de Pressé-sur-Seine et que le temps jouait contre nous.
- Oui Martin, venez-en au fait.
- Et bien plutôt que de suivre notre procédure et d'attendre les 10 signatures nécessaires, au risque de perdre l'affaire, j'ai pris sur moi de signer et d'accorder une remise de 5% sur notre proposition initiale.
- Rassurez-moi Martin, c'est une blague ?
- Heu non chef, vous avez dit qu'il fallait booster nos ventes en faisant preuve d'audace.
- De l'audace dans un cadre donné, Martin, de l'audace sous contrôle, de l'audace certifiée, pas d'initiatives débridées qui ne relèvent pas de votre niveau. Vous irez vous expliquer avec le patron, et vous aurez de la chance s'il ne retient pas ces 5% sur votre salaire. La prochaine fois ayez l'audace de me demander l'autorisation avant d'agir.

Autonomie

Nos dirigeants sont autonomes, la preuve, ils pissent tout seul ! C'est à peu près la seule chose qu'ils fassent seuls. Ils sont potentiellement autonomes mais les autres n'arrêtent pas de tout faire à leur place, notamment leur cabinet. Si leur chef de cabinet pouvait pisser à leur place ou, à défaut, leur tenir pour optimiser la trajectoire, il le ferait ! Un autonome qui ne fait rien tout seul, c'est aussi indispensable à la société qu'un écologiste borné (oui je sais, c'est un pléonasme).

Autorité

Un dirigeant sans autorité est aussi essentiel qu'une voiture électrique sans batterie. Malheureusement, il est nettement moins attrayant car sa gamme de couleur est d'une monotonie sans nom et il ne clignote même pas !

L'autorité est au dirigeant ce que le talent est au comédien ou la levure au pain, indispensable. De là à en conclure que les dirigeants qui font preuve d'autorité sont des astres il y a un gouffre ou alors en un mot (désastre pour les distraits) !

Certains confondent autorité et autoritarisme, hurlent, ne supportent pas la contradiction, veulent tout, tout de suite, surtout si c'est impossible puisque impossible n'est pas dirigeant. Au bout du compte, ils obtiennent ce qu'ils souhaitent : l'illusion d'avoir toujours raison.

***

B

Benchmarking

Nos élites sont astucieuses, elles benchmarkent. Si vous ne savez pas en quoi cela consiste, ouvrez votre dictionnaire. Il s'agit d'observer les pratiques des entreprises concurrentes qui font référence, et d'adapter celles qui vous semblent porteuses de création de valeur à votre propre environnement. En soi, ça requiert une remarquable capacité d'adaptation. En effet, après s'être vues interdire de copier sur leur voisin durant toute leur scolarité, nos élites ont — non seulement le droit — mais plus encore le devoir de le faire ! C'est très utile à ceux qui ont le cerveau formaté et le génie d'une lessive sans bouillir. Il y a très peu de déchets, on cite juste le cas d'un énarque français qui, de retour du Japon, a voulu imposer le hara-kiri aux salariés victimes d'un plan social avec un succès mitigé…

Bourse/burne

Un dirigeant doit « en avoir » pour subir sans perdre son sang froid les affres de la cotation. Plus les cours dégringolent, plus ses burnes se rétractent, c'est un phénomène physique. Dans ces circonstances, certains dirigeants se vengent en cassant celles de leurs collaborateurs.

En cela ils montrent des prédispositions quasi surnaturelles qui rassurent sur la fermeté de leurs prédispositions naturelles dont certains pourraient douter en période de débandade boursière…

Brainstorming

En français, traduisez remue-méninges. C'est une autre technique pour faire émerger des idées nouvelles mais sans se déplacer chez les voisins : idéal pour le dirigeant sédentaire et pour son bilan carbone ! Cela consiste à dire tout ce qui vous passe par la tête. L'exercice est très difficile pour certains dirigeants car très peu de choses passe par leur tête et beaucoup par celles de leurs collaborateurs. Heureusement le concept permet de rebondir sur les idées des autres. Certains dirigeants, surnommés dirigeants flexibles (ou caoutchouc), rebondissent énormément. Par exemple si au cours d'un brainstorming, Monsieur Baufort dit « vache qui rit », le dirigeant intuitif répond aussitôt « fromage ». Monsieur Baufort rebondit en disant « à la coupe », et le dirigeant visionnaire de répondre « sombre » et de licencier 50 personnes sur le champ.

C'est vous dire la créativité de la méthode qui cependant ne serait rien sans l'intuition géniale du leader charismatique !

***

C

Capital

Mot polysémique s'il en est, il évoque tour à tour le libéralisme et la main mise des multinationales sur le monde : Ah ! Georges Marchais parlant du Grand Capital (les enfants, ouvrez vos livres d'histoire, le parti communiste a bien existé…) ; la confiance à son apogée : j'envie votre capital confiance ou encore les ressources immatérielles de l'entreprise.

Le must consiste pour le PDG[2] à déclarer en ayant l'air convaincu, à l'occasion des traditionnels vœux du Nouvel An, que le principal capital de l'entreprise ce sont les femmes et les hommes qui la composent. Il doit beaucoup s'entraîner pour ça. D'abord pour réussir à garder son sérieux en débitant de telles conneries, ensuite pour arriver à mettre les femmes avant les hommes, ce qui dépasse l'entendement d'un dirigeant masculin. Mais il sait faire confiance à ses communicants qui lui ont conseillé un moyen mnémotechnique infaillible pour s'y tenir : remplacer mentalement femmes et hommes par actions (féminin) et actionnaire (masculin), et ça marche !

Il réussit même le tour de force de parler de l'égalité des chances sans s'étouffer de rire ! Enfin, pas toujours, l'exercice est vraiment contre nature et il doit encore parfois simuler une quinte de toux pour s'en sortir.

Carrière

Mot tombé en désuétude, il évoquait avant une ascension sociale (donc verticale) au sein d'une entreprise. La terminologie récente utilise plutôt le concept de parcours professionnel. Ça fait plus construit, plus robuste, plus long et surtout plus horizontal ! Les parcours se cultivent à l'infini aux champs de la mobilité. Finie la monotonie d'une entreprise pendant toute une

---

[2] Président Directeur Général

vie de labeur, vous alternerez entre les stages, l'intérim, le CDD[3], le portage salarial après un passage remarqué au pôle emploi. Quelle richesse, quelle diversité !

Pour ceux qui disposent des meilleurs engrais, vous prendrez racine en Chine, au Qatar ou au Brésil. Mobile et agile, vous apprendrez à vivre comme les escargots, avec votre maison sur le dos, et à défaut d'être propriétaire de votre pavillon de banlieue, vous essayerez de rester propriétaire de votre âme.

Mais attention ! Foin de vaines promesses. Si vous avez été cultivé avec un engrais pauvre de banlieue, vous découvrirez au mieux la Chine dans le 13ème arrondissement et parfois vous resterez longtemps en friche dans les serres du pôle emploi du 93, presque de quoi regretter la monoculture du CDI[4] d'hier.

Charte

Définition : Déclaration de bonnes intentions jamais mises en œuvre.

C'est genre les dix commandements, tu n'as d'ailleurs pas le droit de tuer si ce n'est à petit feu (tout est dans la cuisson !).

C'est censé porter le sens (comme le petit poucet, nous nous sommes perdus en chemin) et afficher des valeurs et c'est parfois confondant d'hypocrisie :

Morceaux choisis : (réels !)

Le manager s'interdit de critiquer les politiques de l'entreprise et les décisions prises par sa hiérarchie ou par les autres entités, ceci n'exclut pas la possibilité de faire des propositions constructives en vue d'améliorer le fonctionnement de l'entreprise.

- On ne critique pas les politiques mon ami.

Quand je vous dis que le chef a toujours raison ! Mais vous avez le droit de donner votre avis. N'hésitez pas à dire à quel point lesdites politiques sont innovantes, originales, pertinentes et suintent le dirigeant élu, même s'il s'agit d'un tissu de platitudes éculées. Rendez grâce aux décisions d'une bêtise sans nom qui sont prises sur le coin d'un bureau, en disant qu'elles

---

[3] CDD : Contrat à durée déterminée

[4] CDI : Contrat à durée indéterminée

semblent (suggérez, n'affirmez rien !) empreintes de sagesse et d'intelligence. On comprend mieux pourquoi vous avez été repéré et pourquoi vous êtes qualifié de haut potentiel, vous irez loin…

Le manager adopte une attitude résolument positive qui va de pair avec réalisme et courage et favorise le développement de l'esprit d'équipe.

Même quand tu touches le fond, il faut que tu aies l'air d'attaquer une belle entrecôte accompagnée d'un verre de Pomerol. C'est sûr que ça donne faim à ton équipe ! Si tu as des états d'âme, sois réaliste et courageux, gardes-les pour la maison, ta femme[5] adore. *Le manager est le moteur du changement.*

Le problème c'est qu'un moteur sans direction ça tourne en rond et ça s'arrête faute de carburant.

Le manager est responsable de la manière dont est vécu le changement. Son rôle d'exemple dans ce domaine est primordial.

Montre-leur que le changement te fait saliver comme un gardon devant un asticot replet, ou, plus proche de l'entreprise, comme un trader devant son bonus. Mais surtout, démerde-toi pour que tous ces fainéants atteints d'immobilisme chronique, frétillent à leur tour et s'investissent corps et âme dans la prochaine réforme qui conduira à la suppression de leurs emplois !

En contrepartie de l'application de ces principes, le manager attend de ses collaborateurs :

L'adhésion aux objectifs :

- Chef vous n'auriez pas du chatterton que je me colle les objectifs sous les bras.

Des performances conformes aux objectifs individuels définis en commun :

- Chef, c'est écrit « en commun ».
- C'est aussi écrit que je commande et que tu obéis, alors mets la en veilleuse.

La disponibilité :

---

[5] Cet exemple sera féminisé quand les hommes cuisineront et attendront sagement au domicile le retour de leur working girl !

- Arrête de te plaindre des horaires, on t'avait dit que tu devais être disponible.
- Mais chef, il est 2 h du matin…

La volonté de progresser pour chacun et pour l'équipe à laquelle il appartient :

- Chef, je voudrais progresser, pourrais-je suivre une formation ?
- Pour l'équipe, il vaut mieux que tu ne t'absentes pas, ce qui compte c'est ta volonté.

Communication

La communication est au dirigeant ce que le sel est à la nourriture.

Maquillé comme une star, il fait salle comble à chaque rencontre stratégique. Il faut dire que c'est gratuit et que tout le monde est obligé de venir !

Dans cet exercice, certains se payent des palais des congrès alors qu'ils ne rempliraient même pas une cabine téléphonique si on devait venir pour leur talent !

Ils répètent ce que d'autres ont écrit pour eux, si encore ils le répétaient bien…

Ils font des discours sur tout et en toute occasion, nouvel an, publication des résultats trimestriels, départ à la retraite, plan social. Le must reste « d'adresser » un discours pour annoncer un plan social à l'occasion des vœux du nouvel an (économie de discours et de petits fours), avec plan de départs anticipés pour cause de crise interplanétaire. Ça c'est une communication utile puisqu'elle fait aussitôt remonter le cours de l'action.

Compétence

Le dirigeant ne jure plus que par la compétence. Pas la sienne bien sûr, elle est consubstantielle à sa personne, celle des autres. Il confond très souvent compétence, performance, allégeance, mais on ne peut pas lui en vouloir, c'est un généraliste et il n'est expert en rien.

Mais il a compris que si quelque chose n'allait pas c'était un problème de compétence.

Nos résultats s'écroulent :
- La compétence de nos salariés évidemment !
- Mais chef, je croyais que les femmes et les hommes de l'entreprise étaient notre plus grand capital ?
- Ne me fatiguez pas, Robert, vous n'allez pas me dire que vous croyez à ces conneries, dans le paquet cadeau ce qui compte c'est l'emballage.

Nos actions baissent :
- La compétence vous dis-je : celle des marchés et des petits porteurs qui ne font rien que de déstabiliser les grands Groupes.

Nos clients nous quittent :
- La compétence des clients à l'évidence, au lieu de se contenter de ce qu'on leur offre, ils recherchent en permanence le meilleur rapport qualité/prix, et changent sans scrupule de fournisseur au mépris de nos marges, comment voulez-vous qu'on s'en sorte ?
- Votre pantalon tombe, chef.
- La compétence : de ma ceinture à l'évidence ! Au fait à propos de ceinture, il n'y aura pas d'augmentation cette année.
- Chef, j'ai des moments de doute…
- La compétence de votre âme, c'est le propre de l'homme que de douter, c'est pour ça que nous sommes là, nous, les dirigeants. Je vais vous envoyer en stage de pensée unique, vous reviendrez régénéré.

Connexion

La vie ne vaut la peine d'être vécue que si tu es connecté 24 h/24 h. Le fin du fin c'est quand tu décroches ton portable dans les chiottes pendant que tu es en train d'en couler un. Un conseil, coupe le micro d'ambiance !

Même à l'hôpital, certains ne se résignent pas à décrocher et par là même à raccrocher :
- Non, Docteur, je ne veux pas d'une anesthésie générale, je veux rester joignable, le sort de la planète est en jeu.
- À propos de planète, elle risque de vous entendre hurler quand on vous ouvrira le ventre, d'ici à ce que ça déclenche une crise mondiale en plus de votre péritonite.

- Docteur, aidez-moi, je n'ai pas eu de mail depuis cinq minutes, mon Smartphone a peut-être besoin d'oxygène, à moins que ces charognards ne tablent déjà sur une sortie prématurée.
- Docteur, endormez-moi, je préfère encore l'oubli à l'oubli.

Consultant

Il ne saurait y avoir de grands Groupes sans de grands consultants. Qu'est-ce qu'un grand consultant ? C'est un consultant qui a fait les mêmes écoles que les dirigeants qu'il conseille et qui conduit ses chantiers pour arriver aux conclusions souhaitées par son client qui est aussi un ami.

La qualité première d'un grand cabinet de consultants, c'est l'emballage ! Faute d'avoir du fond, ils sont experts dans la forme. Leur tringlerie méthodologique ferait rougir de jalousie les grands horlogers et leurs slides PowerPoint n'ont de transparents que le nom et s'apparentent plus à des tableaux de bord d'Airbus.

Les consultants fonctionnent comme tous les produits de luxe, vous payez la marque. Peu importe que la main d'œuvre vienne de Roumanie ou d'une armée de stagiaires BAC + 5 payés à l'heure moins qu'un OS polonais, la facture est à la hauteur de leur réputation.

Et ne soyez pas mesquin en rappelant que l'on vient de dépenser deux millions d'euros pour savoir comment faire des économies. Vous pensez vraiment que vous auriez pu trouver tout seul qu'il fallait dégraisser ? Et vous vous voyez aller dire ça aux opérationnels pendant que les technostructures centrales débordent de gens payés à rien foutre ou pire, à générer du travail inutile ? Il vaut mieux que ces messages soient portés par l'externe.

- Merci Maurice, tes gars ont fait un super boulot, bon on se voit au golf dimanche ?

Coopération
C'est le nouveau Saint Graal. Après avoir entretenu pendant des années des guerres intestines, des luttes de pouvoirs, une compétition interne exacerbée et devant l'échec patent de cette stratégie, nos dirigeants prônent la coopération. J'ai dit prônent, je n'ai pas dit coopèrent, nuance. La coopération c'est pour les autres, la base, ceux qui doivent produire les résultats attendus et qui rament.

- Mais coopérez bon Dieu ! Jouez collectif, associez vos talents pour répondre aux attentes des clients, arrêtez de vous marcher sur les pieds, transcendez vos organisations, court-circuitez vos hiérarchies pesantes.
- Ça y est chef, on a conclu le contrat avec les Chinois.
- Parfait, parfait, mais c'est qui ce « on » ma petite Françoise ?
- Nous chef, le Groupe.
- J'entends bien, Françoise, mais qui a signé ?
- Et bien, c'est la branche Indopacifique.
- Quoi ! ce connard de Marchandaud ! Si c'est une blague, elle est de très mauvais goût.
- …
- Mais, chef vous aviez dit qu'il fallait coopérer.
- Coopérer, ça ne veut pas dire se faire baiser, ma petite Françoise, je vous croyais plus intelligente que ça.
- Mais quand même le contrat chef ?

- Je n'en ai rien à foutre du contrat si ce n'est pas comptabilisé dans mes résultats, vous croyez que je bosse pour la gloire du Groupe, vous ne voulez pas que je donne mon sang aussi ? Démerdez-vous comme vous voulez, reprenez la main ou faites capoter l'opération.
- Mais la coopération chef ?
- Je ne vous aurais pas cru si naïve ma petite Françoise, grandissez un peu et laissez notre Président à ses fantasmes.

***

D

Décider

La décision est au dirigeant ce que le poil est au-dessous de bras. Elle peut être discrète ou voyante, humide ou sèche, nauséabonde ou parfumée.

Chez les dirigeants masculins, on repère le tueur à celui qui se rase sous les bras. Chez les dirigeantes féminines - espèce protégée en voie d'apparition —, c'est le contraire. Certaines décisions sont comme certaines aisselles, elles puent.

La communication est le déodorant le plus efficace. Pendant quelques heures elle permet de donner à ce qui est moche et sent mauvais, l'apparence de l'harmonie et le parfum d'un îlot marin. Plus les heures passent, plus ça s'évapore, et l'îlot se transforme en décharge publique. Ce n'est pas grave il suffit d'en remettre une couche le lendemain.

Diagnostic

Quand un dirigeant ne sait pas où il en est faute de boussole pour prévoir le climat social, il ne va pas consulter une voyante (ou alors en cachette, ça pourrait en inquiéter certains), il commande un diagnostic. Quand tous les voyants sont au rouge et qu'il a le sentiment d'être vraiment dans la merde, il commande un diagnostic stratégique.

Vous vous demandez quelle est la différence ? Et bien c'est le mot qui anoblit (et renchérit) l'objet. Un diagnostic stratégique fournit des pistes d'actions censées remédier aux problèmes. Celles-ci consistent souvent à se rapprocher le plus possible de l'état qui régnait avant la brillante réforme d'organisation que le dirigeant a décidé et qui a plombé le climat et les résultats.

Ne croyez pas que ça le décourage, si par inadvertance il s'en apercevait, il vous dirait que le chemin se construit en marchant ! Il a retenu ça de sa formation à l'approche systémique et trouve ça hyper pratique !

Même les fervents adeptes de cette approche commencent à en avoir plein les bottes de piétiner sur le même chemin…

Dialogue

Le dialogue est un principe de dirigeant. Plus un dirigeant est sûr d'avoir raison, plus il prône le dialogue. Il confond depuis sa naissance dialogue avec je parle, tu écoutes et tu es convaincu.

Malheureusement, ça ne fonctionne pas comme ça dans le cadre du dialogue social avec les représentants du personnel. Il a beau leur expliquer plusieurs fois la même chose, de façon différente, ils ne comprennent rien et ne sont jamais d'accord. Face à cet obscurantisme d'un autre âge, il déprime. Que de temps et d'argent perdus pour arriver au bout du compte à ses fins. Ce qui prouve bien qu'il avait raison depuis le début et que les syndicats sont des empêcheurs de diriger en rond

Le dialogue sert beaucoup à entretenir l'idée de démocratie dans l'entreprise, terme qui déclenche chez les dirigeants d'irrésistibles crises de fou rire.

Diriger
Diriger est un art. Tous les dirigés qui tentent en vain de suivre les mouvements erratiques de leurs dirigeants en sont convaincus.

Nos dirigeants sont donc potentiellement des artistes et font, comme dit la chanson, leur numéro.

Hélas, comme au cabaret, les numéros sont inégaux et de nombreux dirigeants se mettent en scène et font des fours. Faute d'une palette de nuances adaptées, ils passent et repassent la même couche tous les ans et leurs représentations attirent autant qu'un court métrage non sous-titré sur l'alphabétisation en Uruzgan !

Certains sont aussi doués pour diriger que moi pour bricoler (c'est dire !) et faute de se taper sur les doigts en plantant un clou, ils tapent sur les doigts des autres en leur disant des clous !

Diversité
C'est le leitmotiv actuel de tous les patrons du CAC 40. Non pas que du jour au lendemain, ils se soient mis à aimer la terre entière sans distinction de couleur, de race, de sexe, de taille, de poids, de handicap ou d'orientation sexuelle. Simplement leurs marketeurs leur ont soufflé qu'il fallait ressembler à leurs clients.

Ils donnent donc des consignes pour que leur Groupe se diversifie, ne serait-ce que pour donner un peu de crédibilité à leur ambition internationale.

Un Chinois ou une Brésilienne sont très décoratifs dans un COMEX[6]. De là à recruter demain une naine malvoyante à l'accueil, ou un Beur du 93 à la comptabilité, faut pas pousser ! Pourquoi pas un kangourou au COMEX pendant qu'on y est.

***

---

[6] COMEX : Comité Exécutif, groupe restreint de personnes qui constituent l'organe essentiel du pilotage de la stratégie d'une entreprise.

E

Écoute

Pour le dirigeant l'écoute consiste en : Je m'écoute et écoutez-moi !

Le dirigeant adore s'écouter. Il trouve sa voix particulièrement mélodieuse et ses idées particulièrement brillantes, même quand elles viennent des autres. Il lui arrive de parler uniquement pour le plaisir de s'écouter, ça le repose parce qu'il ne se contredit jamais.

Il aime également beaucoup que les autres l'écoutent, même quand il dit des choses qui n'ont aucun intérêt ce qui, il faut bien l'avouer, est assez fréquent. Il mesure la qualité de ses collaborateurs à l'attention qu'ils portent à ses propos.

Une chose l'étonne en permanence, il a remarqué que ses meilleurs collaborateurs étaient ceux qui l'écoutaient le plus religieusement sans jamais l'interrompre. Comme quoi le hasard fait bien les choses et la complicité n'est pas un vain mot.

Égo
Les grands dirigeants ont invariablement un égo surdimensionné. Ils pensent être des élus et ne seraient pas étonnés si on leur disait que Dieu lui-même les a choisis. Les plus ambitieux pensent cependant que Dieu ferait bien de les consulter de temps en temps, ça lui éviterait d'aller dans le mur.

Convaincus d'avoir un destin et de laisser une trace indélébile sur terre, ils se contemplent chaque matin dans la glace et l'auto satisfaction qui transpire de leur regard remplirait aisément une piscine.

Parfois, dans un sursaut d'humilité, ils se demandent pourquoi Dieu a réuni en eux tous les talents alors que les autres en ont si peu... Puis ils se reprennent. Ils ne le doivent qu'à eux-mêmes, ils ne sont pas nés leader, ils le sont devenus et les autres n'avaient qu'à se bouger le cul.

Leur suffisance est telle qu'à l'heure de la diversification des sources d'énergie, elle pourrait remplacer un moteur à combustion. Dommage qu'elle pollue autant l'entourage...

Entretien
L'entretien individuel est indispensable dans l'entreprise. C'est une occasion de faire le point sur ses forces et ses points à améliorer. En effet, le mot faiblesse a été banni de l'entreprise car il aurait pu blesser quelqu'un, ce qui n'est pas bien...

L'esprit humain est comme un jardin, il faut le ratisser régulièrement pour le débarrasser de ses scories.

L'entretien permet de nettoyer les pensées sauvages qui repoussent régulièrement, sarcler les revendications relatives aux conditions de travail, biner les récriminations salariales, enterrer les idées dérangeantes. Et au printemps éclora l'entreprise libérée, plus conviviale, plus engageante, plus jeune, plus fun, plus clean, sans contrainte, sans horaire, sans chef et... sans salaire.

Équipe
On ne change pas une équipe qui gagne. Est-ce à dire que l'entreprise ne gagne pas souvent, puisqu'elle change tout le

temps d'équipes ? Et que je te débarque celui-ci et que je te vire celle-là et que je fais venir à prix d'or untel qui sera remplacé six mois plus tard pour incompétence notoire.

Voilà un des mystères du monde managérial qui manifestement s'inspire du mercato et rêve de pouvoir disposer des fonds Qatari pour aller débaucher des Bill Gates pour vendre des tranches de jambon.

Mais ce qui manque le plus à l'entreprise, ce n'est pas l'argent, c'est ce qui fait les grandes équipes, la solidarité. Les dirigeants ne sont pas très joueurs ou plutôt ils jouent chacun dans leur camp en essayant si possible de marcher sur les autres.

Excellence

Marqués par leur scolarité douloureuse et la recherche permanente du prix d'honneur, nos dirigeants font de la recherche de l'excellence leur credo. Pour ce faire ils déclinent avec force vagues de consultants à l'appui, les différentes méthodes inventées pour atteindre l'excellence.

Et que je te convertisse au dogme du TQM[7], que tu rejoignes la secte du lean management[8], que je te passe à la toise de l'EFQM[9], que je t'injecte le Kaizen[10] en intraveineuse, que je te baptise sur les fronts baptismaux de Six Sigma[11]… Bref tout y passe plutôt que de se poser les bonnes questions.

Qu'est-ce qui fait qu'aucun progrès ne s'inscrit dans la durée et que les entreprises font du yoyo en permanence ? Ne faudrait-il pas plutôt aller chercher du côté de la compétence, du style de

---

[7] *Total Quality Management* : Le management par la qualité a pour objectif l'obtention de la qualité totale grâce à : la réduction du gaspillage, une meilleures gestion des stocks, l'optimisation du temps et des conditions de travail.
[8] Le *lean management* est une approche systémique visant à tendre vers l'excellence opérationnelle.
[9] L'*European Foundation for Quality Management ou EFQM*, (en français Fondation européenne pour la gestion de la qualité) est un outil « qualité » destiné à améliorer les performances de l'entreprise à partir d'un auto diagnostic régulier.
[10] Le *kaizen* est un processus d'amélioration continue d'origine japonaise basé sur des actions concrètes, simples et peu onéreuses, impliquant tous les salariés.
[11] Six Sigma est une méthode qualité qui a pour objectif d'éliminer les variations des défauts au sein des processus.

management et des conditions de travail pour favoriser ce mystérieux engagement ?

- Je n'ai rien de préformaté dans cette gamme dans ma super panoplie de consultant, on ne va quand même pas faire du sur mesure à chaque fois ! vous imaginez ce que cela vous coûterait ? (Et puis ça pourrait marcher ! et nous on tient à fidéliser nos clients).

Expert

Le dirigeant s'entoure d'experts car lui ne sait rien de précis. Un expert c'est quelqu'un qui sait plein de choses sur des trucs très pointus et souvent il est un des rares à savoir ce qu'il sait.

Par exemple on dirait que je serais expert en dirigeant. Bon, vous voulez savoir un truc vachement pointu sur le dirigeant, bingo vous me demandez pour que je vous éclaire.

- Le dirigeant a-t-il de l'intuition ?

N'importe quel béotien non expert par essence, vous répondrait : bernique et peau de zébu, autrement dit je n'en sais fichtre rien.

Alors que moi, l'expert en dirigeant je vous réponds :

- Ça lui arrive.

Vous mesurez j'espère la plus-value à sa juste mesure !

Mais ça peut être encore plus spectaculaire.

- Les dirigeants sont-ils nés dirigeants ?
- Heu, allez chercher l'expert.

Je me pointe tranquille, sûr de mon art, je fais mine de réfléchir quelques instants en cherchant dans le bon tiroir et je réponds :

- Certains d'entre eux. Surtout d'ailleurs ceux dont le papa était déjà dirigeant (promis, dans dix ans je mettrai la maman…)

Les autres les yeux exorbités de jalousie, la mâchoire crispée par le respect se torturent l'esprit en se demandant pourquoi ils ne sont pas experts.

***

F

Fédérer

Un dirigeant doit fédérer faute de se retrouver tout seul comme un con ou pire, entouré de plein de monde qui le laisse se démerder tout seul.

Pour fédérer, il utilise toutes ses ressources stratégiques, dont la principale est l'argent. C'est fou ce que le pognon fédère. T'as 1000 euros t'as un ami, t'as 1 Meuro t'as 1000 amis. Les stock-options fédèrent également énormément, de même que les actions gratuites et les petits cadeaux qui entretiennent l'amitié. Oui mais tout ceci est réservé à une élite alors comment faire pour fédérer tous ces travailleurs anonymes ?

- Et si on essayait en donnant du sens à ce qu'ils font ?

Silence pesant.

- Robert, vous blaguez ou vous êtes sur le déclin ? C'est quoi ces conneries sur le sens, à part de suivre celui du vent, moi je ne sais pas ce que c'est. Le seul sens qui vaille c'est la satisfaction de nos actionnaires, le reste c'est de la poésie pour les vœux.

- Je blaguais chef, c'était pour vous détendre. (*C'est la dernière fois que je fais preuve d'audace, encore heureux si je sauve mon bonus*)

- Ah, j'aime mieux ça, vous m'avez fait peur mon p'tit Robert, j'ai cru que vous vous mettiez au syndicalisme !

Fidéliser

Le dirigeant privilégie ses clients à sa femme[12] et veut à toute force les fidéliser.

Pour cela il faut qu'il arrive à les convaincre que la vie est plus belle avec ses produits que sans.

---

[12] Dans un prochain volume et pour lutter contre les stéréotypes de genre, cet exemple sera féminisé.

Ainsi, le PDG de la firme LETERNITE a choisi un nouveau slogan porteur de promesses :

« Votre vie sera plus belle si vous vous assurez d'une mort confortable en choisissant nos cercueils matelassés. Pour LETERNITE rien n'est impossible. »

Quand même, fidéliser les morts, quel challenge ! Cela vaut bien une petite promotion :

Un cercueil acheté, deux cercueils miniatures gratuits pour vos enfants.

Pour fidéliser, le dirigeant n'hésite pas à offrir des cadeaux à ses clients voire même à ses salariés depuis qu'il a compris que eux aussi pouvaient le quitter pour une autre entreprise.

Il va à l'essentiel et leur donne en premier lieu plus de boulot et, pour les plus méritants, des actions gratuites à valoir dans 5 ans sous réserve de performance.

Si tout va bien, cela ne lui coûtera pas un rond, mais entretiendra la motivation à travers le sentiment d'appartenance à une élite. Sont-ils naïfs ces salariés !

Les seuls cadeaux intelligents qui suintent le dirigeant bien né sont de deux sortes : ceux faits aux actionnaires et ceux qui permettent d'acheter les syndicats.

Formation

La formation pour le dirigeant est essentielle, en particulier la formation initiale, la seule, la vraie qui vous façonne les élites. Depuis sa sortie de la grande école il est persuadé de tout savoir et regarde avec condescendance tous ces ignorants qui n'ont pas fait les écoles. Quand on lui parle d'aller en stage, il pense irrésistiblement à la prépa et ça le fait frémir. Rien que de penser qu'à son âge il pourrait avoir de nouveau l'air d'un con devant celui qui sait, il en perd son flegme légendaire.

Plus vous vous sentez important, moins vous avez envie de passer pour un con, ce postulat ne souffre aucune exception. Ceci dit, que personne ne vous le dise en face ne garantit absolument pas que personne ne le pense…

Le dirigeant préfère le conseil à la formation, c'est beaucoup plus cher donc ça doit être beaucoup mieux et surtout les consultants ont cette qualité de vous faire sentir à chaque instant à quel point votre pensée est fulgurante…

Dans tous ses discours, le dirigeant clame que la formation est un investissement, mais il n'a de cesse de réduire le budget qui lui est consacré. Pour cela il encense la formation sur le tas « au cul du camion » comme disaient les anciens. Pas de dépenses externes, pas de journées de travail perdues et en plus ceux qui transmettent se sentent valorisés alors qu'ils font ça en plus de leur boulot ! Manquerait plus qu'il les fasse payer pour avoir l'honneur de transmettre et ce serait le jackpot intégral, si c'est pas de l'innovation sociale ça !

***

G

Galvaniser

Fédérer c'est bien, galvaniser c'est mieux. C'est un peu comme mettre des coups de pied au cul à toute une armée de travailleurs. La gégène n'étant plus autorisée, la règle faisant trop école publique, vous devez vous démerder pour galvaniser de façon artisanale. Ça va du coup de pied au cul sus-évoqué à la menace de licenciement en passant par les soufflantes, si possible devant un parterre choisi.

Mais, outre qu'il est difficile d'être constant dans l'effort, le risque de discrimination est présent tant certains ont plus des têtes à claques que d'autres ! Et puis à l'ère du numérique, faire tout manuellement confère un côté ringard.

Le rêve serait de digitaliser la galvanisation ! En clair pouvoir coller une puce sous la peau de tous ces fainéants de travailleurs. Ça permettrait de lancer des impulsions de motivation et d'engagement au moindre relâchement, c'est à dire presqu'en permanence, puisque la majorité a tendance à penser à autre chose qu'à son travail.

Ah ! Diriger de son bureau avec juste un pupitre et des caméras et envoyer de petites décharges pour maintenir le niveau de productivité, quel pied ! En voilà une innovation qui pourrait rapporter gros !

Génération

Les X qui sont aux commandes ont du mal avec la génération Y et en auront encore plus demain avec la Z. Pensez, ils ne sont pas naturellement obéissants et ne suivent leur chef que si celui-ci est compétent et convaincant. Où va-t-on ! De mon temps…

Ils ont l'insolence en bandoulière et au lieu d'être humbles et serviles, ils questionnent en permanence et veulent comprendre avant d'obéir !

Pis quoi encore, y'a pourtant rien à comprendre, c'est comme ça un point c'est tout. C'est moi le chef et ils sont là pour obéir. J'ai bien cru au mystère de la Sainte-Trinité sans preuve, ils peuvent bien croire en notre projet d'entreprise, c'est quand même beaucoup plus simple à résumer : faire du fric. Ah ! Pour écouter de la musique de sauvage et s'envoyer des selfies au lieu de bosser, ils sont forts ! Petits cons, mais c'est qu'ils nous boufferaient la laine sur le dos !

Groupe

Le Groupe est à l'entreprise ce que le TGV est à la locomotive à vapeur. D'ailleurs il faut prononcer Grroup(e) en insistant sur la première syllabe et en venant mourir sur le e qui n'est pas muet mais peu bavard.

Le Groupe est forcément international alors que l'entreprise se morfondait sur le plateau des mille vaches en comptant les moutons. Le Groupe est multiproduit multiservice alors que son ancêtre se contentait de vendre des scoubidous au mieux de différentes couleurs. Le Groupe fait des chartes éthiques pour masquer des charrettes hélas pas toujours étiques. Le Groupe est multiculturel mais ne tolère toujours que la pensée unique. Le

Groupe se gargarise d'anglicisme à défaut d'avoir quelque chose d'intelligent et de nouveau à dire en français.

Bref le Groupe est in et l'entreprise est out ! (voyez comme je m'adapte !)

***

H

Hiérarchie

Baptisée corde à nœuds par les envieux, la hiérarchie est pourtant indispensable pour que tout le monde n'aille pas s'imaginer qu'il pourrait être calife à la place du calife.

Plus vous mettez d'échelons hiérarchiques entre vous et la base, plus vous êtes protégés des velléités des sans grade de devenir des huiles !

La hiérarchie c'est la noblesse d'antan, le PDG est le roi tout puissant, le COMEX réunit les princes et les marquis, le CODIR[13] élargi intègre les comtes, vicomtes et autres barons et les travailleurs sont les serfs d'hier. Rien n'a changé ? Que si, maintenant il faut payer les serfs pour qu'ils travaillent, les

---

[13] CODIR : Comité de Direction

augmenter pour qu'ils se défoncent et on ne peut plus les pendre à la moindre incartade. Quelle époque !

***

I

Injonction paradoxale

Il fut un temps où ce vocabulaire relevait exclusivement des chercheurs en sciences sociales et si vous utilisiez cette expression au boulot, on vous prenait pour un zombie ou pire pour un intellectuel.

Mais le top management s'est emparé de cette notion qui lui va comme un gant. Pensez, ça permet intelligemment de vous dire qu'on vous demande tout et son contraire et que vous êtes payés pour gérer les paradoxes.

- Hé Mathieu, t'es toujours dans les RH ?
- Oui.
- Et qu'est-ce que tu fais ?
- Je gère des paradoxes.
- Ah bon et c'est bien ça ?
- Ben, ça occupe à temps plein et t'es jamais sûr d'y arriver.
- Bon, mais concrètement, tu as un exemple ?
- Faire de la productivité en recrutant massivement des jeunes tout en prolongeant la carrière des seniors pour cause d'évolution du régime de retraite.
- C'est ça un paradoxe ?
- C'est un exemple.
- T'aurais pas plus simple ?
- Soit spontané.
- Je ne comprends pas ?
- Et bien si tu obéis spontanément à cet ordre, tu perds toute spontanéité.
- T'as pas envie de changer de boulot parfois ?

Innovation

On dit qu'une innovation est une désobéissance qui a réussi. C'est dire si le dirigeant est moyennement porté sur l'innovation. Mais comme il sait que quand on ne fait qu'imiter les autres on périclite, il est porteur d'innovations. Il met des boites à idées partout, des fois qu'un de ces couillons de travailleur en ait, par hasard, une géniale (il n'y croit pas beaucoup, mais enfin on peut toujours rêver !).

Lui innove beaucoup, il change d'ambition tous les ans, de stratégie tous les six mois, de décor pour son bureau régulièrement, de costume toutes les semaines. Les très innovants changent leur caleçon de grand couturier tous les jours, les moins audacieux restent fidèles au coton et le gardent au moins deux jours !

Le dirigeant dispose d'un atout considérable en matière d'innovation, il n'a pas besoin de désobéir pour innover vu que c'est lui qui édicte les règles !

Internet

Les dirigeants sont férus de nouvelles technologies. Ils ne savent pas tous la différence entre Facebook, Twitter, Viadeo ou Linkedin, mais ils savent qu'il faut aller vers le e-business et la e-société.

Malheureusement certains croient encore que l'arobase est un cri d'assaut et disent haro basque ! D'autres s'imaginent que Shazam est un conte oriental et que les cookies sont des gâteaux au chocolat !

C'est normal, ce n'est pas de leur génération. Ils ont été élevés au Monopoly et ont toujours eu un faible pour l'avenue de Breteuil et la rue de la Paix c'est pour ça qu'ils ont choisi les affaires plutôt que l'enseignement.

S'ils avaient passé leur temps sur *Atari* ou *Nintendo* nul doute qu'ils n'en seraient pas là. Alors les générations Y, Z et au-delà feraient mieux de ne pas trop faire les malins avec leur smartphone et autre PDA[14], parce que le chemin qui mène du PDA au PDG sera très long et tout geek qu'ils soient, il vaudrait mieux qu'ils s'entraînent à prendre les commandes de Flight Simulator avant d'imaginer prendre celles d'une entreprise.

***

---

[14] Personal Digital Assistant

J

Journaux (d'entreprise)

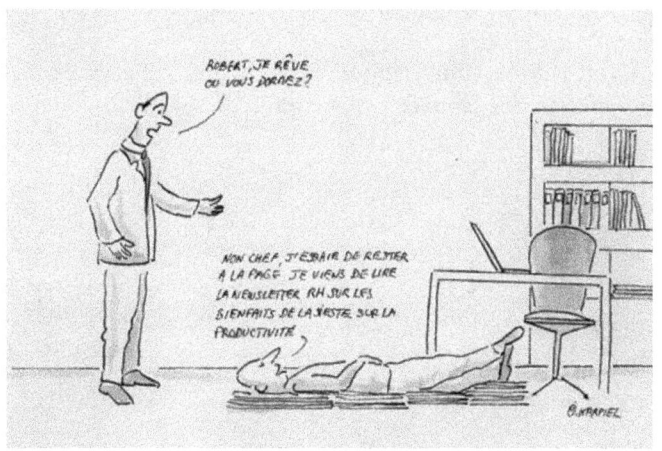

Les journaux d'entreprise se portent beaucoup mieux que la presse en général vu qu'ils sont gratuits et qu'ils n'ont pas besoin de lecteurs pour vivre. Leurs tirages feraient pâlir de jalousie certains titres de presse.

Ils portent des noms à faire rêver *Concerto, Transparence, Ensemble, Horizons* qui ont peu de rapport avec la réalité, ça s'appelle de la communication Corporate.

Ils ont une nette tendance à proliférer sachant que chaque BU[15] Direction, filière, métier, éprouve le besoin de créer sa feuille de choux pour exister.

Moralité les travailleurs émérites qui se font un devoir de dépouiller la totalité de la presse d'entreprise, travaillent à mi-

---

[15] BU : Business Unit, Unité organisationnelle au sein d'une entreprise définie autour d'un domaine d'activité et responsable de son résultat.

temps pour ceux qui ont fait des stages de lecture rapide, lisent à plein temps pour les autres.
- Vous faites quoi mon brave ?
- Sauf votre respect, chef vénéré, je lis.
- Et vous croyez qu'on vous paye pour lire ?
- Mais c'est *Ambition*, le journal du Groupe chef !
- Ah bon, lisez mon ami, lisez c'est important la culture du Groupe.

À force de se cultiver pour le Groupe on va bientôt mettre celui-ci en jachère faute de production !

***

K

Kaïzen
À ne pas confondre avec Banzaï même si l'origine est la même. C'est une méthode d'amélioration continue par petits pas importée du Japon. C'est un long chemin comme celui qui mène de la première communion à la confirmation en passant par la communion solennelle. L'important est de ne pas perdre la foi en route.

Las ! Nos dirigeants sont des hommes de peu de foi et n'ont pas la patience légendaire des Asiatiques. Ils rêvent de miracles et ne voyant rien venir ils troquent l'amélioration continue contre la rupture. Ce n'est pas plus efficace mais c'est plus spectaculaire et ça leur permet de marquer leur territoire, tel l'animal sauvage qui sommeille en eux.

***

L

Leadership

Le leadership est au dirigeant ce que l'ADN est à l'homme. Dis-moi quel est ton leadership je te dirai quel dirigeant tu es.

Si tu as le leadership d'un chien de cirque, rejoins un cabinet ministériel, si tu as celui d'une girouette rouillée va chez les écologistes, enfin si ton leadership est aussi visible qu'une nano particule pour un presbyte, essaye plutôt l'administration départementale.

Et si tu n'en as pas du tout, mais que tu sors d'une grande école, t'inquiète pas tu seras quand même dirigeant mon fils ! *(Je réalise qu'il faudra penser à féminiser tout ça !)*

Légitimité

Découverte récemment par nos dirigeants lors de leur stage sur la pensée systémique, cette notion les a laissés quelque peu dubitatifs. D'autant qu'ils ne s'étaient jamais posé de questions, considérant que tout ce qu'ils édictaient était par essence légitime. Ils avaient pourtant bien saisi le sens profond du mot notamment par analogie avec les revendications salariales parfaitement illégitimes.

Quand l'intervenant avait évoqué les critères éthiques pour établir le bien-fondé d'une action humaine, ils avaient décroché en se disant qu'ils n'étaient pas venus là pour entendre prêcher. L'éthique leur était aussi étrangère que la poésie aux traders ou la pitié aux hyènes et ils estimaient que toute action destinée à gagner de l'argent était par nature bien fondée.

Et si par inadvertance, il advenait que leur conscience les tourmente, les confessionnaux étaient faits pour ça !

***

M

Management

On ne sait toujours pas si l'origine de ce mot vient de ménage ou de manège, car les managers peuvent être payés pour faire le ménage mais d'autres ont quelques dispositions pour faire tourner les salariés en bourrique !

Le dirigeant, grand manager devant l'éternel, ne balaye certes pas devant sa porte, il dit simplement « du balai » à certains ! Manager n'est pas une science exacte et nombre de nos dirigeants, issus des grands corps prestigieux, s'en trouvent quelque peu déstabilisés. Ils sont plus à l'aise avec les chiffres qu'avec les hommes et maîtrisent infiniment mieux leur taux de rendement. Certains ont cru entendre que le salarié était une personne, manquait plus que ça !

Quand ta bonne fait la poussière et qu'elle te casse un vase, tu peux la virer et recoller le vase. Mais va-t'en recoller des salariés qui se fissurent à la moindre réformette, qui se disent harcelés à tout bout de champ et qui font des burn out pour se reposer aux frais de la sécurité sociale. Et on s'étonne de son déficit !

Vivement que la mondialisation soit totale et qu'on n'ait plus que des chinois à manager, eux au moins sont bien éduqués, ils bossent, ils la ferment et vénèrent leurs chefs.
- Duchemin, vénérez-moi.
- Oui, chef mais je ne sais pas trop comment m'y prendre ?
- Apprenez le chinois, ça vous aidera.

Mégalomanie

Peut-on être un dirigeant important sans être mégalomane ? En cherchant, vous trouverez quelques exceptions (Gandhi, Nelson Mandela…), qui vous permettront d'en déduire la règle.

Dans les entreprises c'est pareil, et la mégalomanie n'est pas forcément proportionnelle à la taille de l'entreprise. Certains dirigeants de PME se prennent pour Dieu le Père et leur bureau tient plus du hall de gare que d'une salle de travail ! Les plus graves sont capables d'affréter un hélicoptère pour faire Charles De Gaule Étoile – La Défense ou de prendre leur grosse limousine avec chauffeur pour faire les cent mètres qui séparent leur hôtel de leur salle de claque.

Ils se vivent irremplaçables et peuvent être remplacés du jour au lendemain sans que qui que ce soit perçoive la différence ! Dans ces cas-là, leur égo en prend un coup, mais ils s'en remettent très vite en se persuadant qu'il s'agit d'une cabale politique ourdie par des prétendants jaloux.

Ne vous inquiétez pas pour eux, ils partent avec des parachutes lestés d'or, quand ils ne continuent pas à être payés des mois par leur ancien Groupe en attendant qu'ils retrouvent un petit quelque chose pour subsister jusqu'à la saison nouvelle.

Menaces

Les menaces sont les cousines germaines des opportunités. Ça commence à la sortie de l'école, y'a toujours des plus grands qui veulent te casser la gueule. Alors tu t'échappes par la sortie de secours et tu fais un grand détour.

Dans l'entreprise ça s'appelle la diversification. Devant les menaces concurrentielles, le dirigeant cherche à se diversifier. Il peut également vendre et se tirer avec l'oseille, attendre le règlement judiciaire, délocaliser.

Se battre ? Non mais ça va pas ! On n'est plus dans la cour de récré !

Motivation

De Maslow[16] en passant par Herzberg[17] ou Vroom[18], le dirigeant connaît toutes les théories sur la motivation. Oui, mais c'est comme dans un Meccano, il ne suffit pas de lire la notice pour réussir le montage. Il a bien envisagé d'organiser un saut à l'élastique mais déjà qu'il a mal au cœur dans le métro ! L'ascension d'un sommet au Népal ? La raréfaction de l'oxygène l'inquiète pour son cerveau. Un bivouac dans le désert à la recherche de sa légende personnelle ? Et s'il ne trouvait rien ? Et puis il fait froid la nuit dans le désert. Bref après mûres réflexions il a choisi le Chateauform du 8ème arrondissement, au moins, même si on s'emmerde, on peut se gaver.

Plus la défiance, l'hypocrisie, les querelles de pouvoirs se propagent, plus le premier artisan de cette situation, le patron, organise des « team building » pour favoriser la transversalité et apprendre à mieux travailler ensemble ! En général ça permet surtout de mieux se détester. Les fayots fayotent, les trouillards tremblent, les aventuriers s'aventurent, les pourris pourrissent et les amuseurs amusent. Mais rien ni personne ne change et surtout pas le patron qui fait ça pour les autres. Lui n'a évidemment plus rien à prouver et consolide son système féodal qui lui a si bien réussi.

---

[16] **Maslow** : Psychologue américain connu pour ses théories sur la motivation et sa fameuse pyramide qui hiérarchise les besoins : physiologiques, sécurité, amour (appartenance), estime (reconnaissance) jusqu'à l'accomplissement de soi

[17] **Herzberg** : Psychologue américain, célèbre pour ses travaux sur l'enrichissement des tâches au travail (théorie des besoins et des motivations)

[18] **Vroom** : Professeur de management canadien auteur de la théorie des attentes théorie qui contrairement à Maslow ou Herzberg, ne se focalise pas sur les besoins, mais relie la motivation d'un individu à ses attentes et aux chances qu'il estime posséder de les atteindre.

N

Négociation

La négociation est un effort inouï pour le dirigeant, car elle l'oblige pour s'en sortir à entrer en empathie avec son interlocuteur… pourquoi pas lui rouler une pelle pendant qu'on y est !

Comme il est plus naturellement doué pour entrer en antipathie, le changement est brutal ! Arriver à penser que des types puissent avoir raison contre lui, même après une séance de sophrologie et un quart d'heure de médiation de pleine conscience dans l'ascenseur, relève de l'exploit ! Pour lui, négocier c'est convaincre son ou ses interlocuteurs qu'il a raison et quand on lui parle de concessions il voit rouge. Depuis quand faudrait-il reculer devant l'ennemi alors qu'il ne risque rien ?

Il n'y a qu'une concession où il veut bien voir du rouge ! Il s'y voit déjà !

- Monsieur votre voiture est prête.

Mais ça, ce sera quand il aura réussi son plan social.

***

O

Objectif

Résumons : Le seul et unique objectif d'un dirigeant bien né est de faire du fric. Mais comme il est délicat de l'afficher aussi brutalement, particulièrement en France, et qu'il est entouré d'âmes sensibles et fragiles, il décline ça dans des formules alambiquées pour noyer le poisson.

C'est du genre *« Nous devons nous positionner sur le marché international pour préserver nos marges, exporter notre savoir-faire tout en optimisant notre fonctionnement interne »*.

Traduction pour les béotiens : La France et l'Europe c'est mort, il faut aller chercher de l'EBITDA[19] dans les pays émergents d'autant qu'on est quand même bien meilleurs que tous ces sauvages. Par contre nos salariés coûtent beaucoup trop cher et il va falloir se serrer la ceinture (enfin, surtout la leur, parce que moi j'ai choisi les bretelles et le parachute doré).

Opportunité

Les revoilà ! Vous savez déjà que ce sont les cousines germaines des menaces. Mais elles sont beaucoup plus agréables, elles vous permettent de conclure des partenariats intéressants, vous offrent de racheter des entreprises en faillite pour une bouchée de pain, vous invitent à vendre au meilleur moment. Bref, elles vous incitent à penser que vous êtes le dirigeant le plus intuitif et le plus subtil du monde.

---

[19] **EBITDA** est un terme signifiant « **earnings before interest, taxes, depreciation, and amortization** » en Anglais. C'est un indicateur financier qui correspond approximativement à l'excédent brut d'exploitation (EBE) français.

Les opportunités se présentent différemment selon votre profil. Pour un « sans dent » c'est par exemple de trouver une pièce en or en faisant un château de sable sur une plage de la mer du Nord. Pour un patron peu scrupuleux, c'est tombé par hasard sur un container d'Africains qui ne demandent qu'à travailler en échange d'un baraquement sans chauffage et d'une vague promesse de papiers.

Oui mais si je n'avais pas le flair du dirigeant bien né, je n'aurais pas senti l'odeur qui s'échappait de se container ! C'est bien connu, la chance sourit aux audacieux !

Plus vous rencontrerez d'opportunités, plus vous serez riches et heureux. Fréquentez les opportunités, vous en trouverez bien une à marier !

Organisation (ré)

C'est la passion des grands Groupes, la réorganisation. Comme si cette pauvre vieille fille pouvait résoudre tous les problèmes du monde et pallier les carences de ses dirigeants. Alors on fait et on défait en permanence, à la recherche du Graal.

En râteau, plate, matricielle, en corde à nœuds, par projets, par processus, j'en passe et des meilleures ! L'important quand on arrive dans une entreprise ou un service c'est de réorganiser. Sinon ça voudrait dire que l'incompétent qui vous précédait ne l'était pas, autant vous tirer tout de suite une balle dans le pied. Le pire, c'est que nos dirigeants réorganisent pour devenir agiles, alors que toute organisation a tendance à rigidifier le système et que l'énergie déployée à chaque réorganisation est contreproductive.

Ce sur quoi il faudrait porter l'accent, ce sont les modes de fonctionnement et la qualité des relations des acteurs entre eux, mais ça.

- Martin
- Oui chef.
- Où avez-vous vu dans vos objectifs « développez des relations de qualité avec les autres » ?
- Nulle part Chef.
- Bon, alors occupez-vous de vos véritables objectifs, c'est-à-dire me satisfaire et arrêtez de perdre du temps avec ces connards du service de Michaud et tant mieux si ça plombe leurs résultats.
- À vos ordres chef.

***

P

Parties prenantes

Quel est le génie qui a inventé ce mot ? Il mérite le Nobel du vocabulaire ! En effet il a permis de condenser en un seul mot une kyrielle d'interlocuteurs de toutes sortes dont on oubliait régulièrement la moitié. Aujourd'hui, même plus besoin de les identifier et en plus on est sûr de ne blesser personne. Faites tout ce que vous avez à faire en déclarant que vous associez toutes les parties prenantes et vous êtes peinard, personne ne viendra vérifier d'autant que même certaines parties prenantes ne savent pas qu'elles le sont !

Un exemple qui peut paraître trivial à certains mais qui a le mérite d'être pédagogique :

Mes bourses sont partie prenante de mon slip, facile. Mais la machine à laver elle aussi est partie prenante, de même que la lessive que j'utilise et la grande surface dans laquelle je m'approvisionne. Bref, auriez-vous trouvé tout seul que ma grande surface intégrait mes bourses dans son éco système pour développer ses marges ? Comme quoi, mes parties ne savent pas forcément qu'elles sont prenantes, ni pour qui d'ailleurs !

Performance

Mot mythique s'il en est, la performance est partout. Du baby trot au fauteuil roulant, le monde ne vous aime que performant.

Ceci dit, plus vous êtes vieux plus l'exploit doit être retentissant pour que les médias s'y intéressent. C'est pas parce que vous mettez encore vos chaussettes tout seul que vous allez passer à *« La France a un incroyable talent »* !

Au boulot c'est pareil, on cherche des purs-sangs et non des percherons. On vous veut au galop en permanence, pas question d'adopter un trot de sénateur, même si vous avez le même âge ! Vous n'êtes plus payés seulement pour travailler, mais pour être performants.

Pour améliorer la performance et se convaincre que la réalité n'est pas celle qui exhale un parfum putride, les entreprises créent régulièrement de nouvelles batteries d'indicateurs. Tableaux de bord en 3D et autres matrices à quatre dimensions bourgeonnent sous l'assaut de groupes de travail qui s'exténuent à présenter les résultats sous leurs plus beaux atours.

Plus fort que Jésus-Christ et à défaut de multiplier les gains, les tenants de la performance gesticulent et se multiplient en vain. Ils s'échinent à faire transpirer des bénitiers pour se persuader que l'on va transformer les coûts d'hier en pépites de demain. Pour la première fois de leur vie ces égéries de Descartes se hasardent à l'irrationalité et exigent que l'on fasse plus et mieux avec beaucoup moins !

À force de détourner de leur mission première toute une partie de l'entreprise pour l'occuper à plein temps à fabriquer des mirages pour amadouer Sa Majesté le marché, les ayatollahs de la performance flirtent dangereusement avec la contre-performance.

Processus

Saviez-vous que ça voulait dire aller vers l'avant ? Évidemment pour ceux qui se coltinent les descriptions de processus ce n'est pas intuitif ! Le processus selon la norme ISO 9000[20] est un ensemble d'activités corrélées ou interactives qui transforme des éléments d'entrée en éléments de sortie.

Ce n'est pas lumineux ? Je vous éclaire :

Imaginons le macro processus « gestion de carrière », il consiste à prendre un travailleur à son embauche (entrée) et à décrire toutes les étapes de son parcours jusqu'à ce qu'il soit remercié (sortie). Plus ce parcours est long et chaotique, plus le processus est complexe et se décompose en n sous-processus, faut bien occuper tous ceux qui décrivent !

Mais là n'est pas le plus grave, le problème vient du fait que chaque ensemble organisationnel se sent propriétaire d'un morceau de processus. Même si la transversalité, l'esprit d'équipe, bla bla bla sont censés diffuser leurs parfums capiteux à tous les étages, tout le monde déteste que quelqu'un d'autre vienne mettre son nez dans ses affaires et regarder comment ça se passe « chez lui » (oui, même s'ils ne pissent pas dans les couloirs, la notion de territoire est très prégnante chez les dirigeants).

Chacun s'occupe donc du sous-processus qui le concerne et se fout comme de l'an quarante de ce qu'attend le suivant vu que c'est sous la responsabilité d'un autre chef.

Moralité le management par processus flirte ouvertement avec l'organisation hiérarchique traditionnelle. Ils ont une liaison mais ne sont pas mariés ! Dans l'entreprise on n'appelle pas ça un PACS[21] mais du matriciel. L'harmonie et la performance du matriciel n'existent que dans les livres et dans la tête et le portefeuille des consultants, ce qui lui assure une vie quasi éternelle. Manager des processus n'est pas une sinécure, si vos dirigeants vous le proposent, prétextez une allergie et sauvez-vous en courant !

---

[20] ISO 9000 désigne un ensemble de normes relatives au management de la qualité publiées par l'Organisation internationale de normalisation (ISO).

[21] PACS : Pacte civil de solidarité

Projets

Il ne suffit pas d'en avoir, faut-il un jour qu'ils aboutissent si possible sans doubler le budget prévisionnel initial et se clore deux ans après la date butée estimée… Un vrai dirigeant est celui qui sait arrêter un projet même après avoir beaucoup investi, pour éviter de perdre encore plus. Comptez-les, il y en a très peu.

Le fin du fin serait que certains renoncent à leur projet d'être dirigeant, mais hélas ce n'est encore qu'un projet…

***

Q

Quotient émotionnel[22] (QE)

C'est la terreur des dirigeants traditionnels élevés au QI[23]. Voilà que l'intelligence (la vraie) ne suffirait plus et qu'il faudrait s'encombrer d'un truc en rapport avec les émotions qu'ils n'ont de cesse d'étouffer soigneusement depuis la prépa, au point d'avoir le cerveau limbique atrophié !
- Se laisser gouverner par les émotions ! On rêve, pourquoi pas la démocratie dans l'entreprise pendant qu'on y est. Encore un coup des américains qui commençaient à se sentir menacés

---

[22] QE : Le quotient émotionnel qualifie l'intelligence émotionnelle c'est-à-dire l'habileté à percevoir et à exprimer les émotions, à les intégrer pour faciliter la pensée et à les réguler chez soi et chez les autres.
[23] QI : Le Quotient intellectuel est le résultat de tests psychométriques qui fournissent une indication quantitative standardisée de l'intelligence humaine.

par l'intelligentsia française. Je t'en foutrais moi de l'émotion, t'as déjà résolu une équation avec de l'émotion, toi ?
- Chef vous êtes en colère ?
- Un peu que je suis en colère.
- Chef ?
- Quoi encore ?
- La colère… c'est une émotion.
- Faites pas chier, Poulain, sinon je vous vire, ça vous procurera des émotions je vous le garantis.

***

R

Reconnaissance

Encore un truc de psy gauchiste, ils sont déjà payés non ?

Certains dirigeants ne comprennent pas que tout ne s'achète pas et que les individus ne marchent pas qu'au fric. Considérer et valoriser la personne et son travail en tant que tels est plus dur pour certains que de faire Koh-Lanta.

- Les ouvriers sont des personnes.
- QUOI ! Vous êtes sûr ? On aurait pu me prévenir plus tôt, j'aurais appris leurs noms, j'ai une excellente mémoire.

Repas (Plateaux)

C'est le truc du dirigeant occupé par excellence. Jamais le temps de s'arrêter, donc journée continue et réunion plateau-repas le midi.

Ah ! Le bonheur d'échanger sur le taux de marge brute entre un saumon fumé à l'aneth, une salade de conchiglie et une panna cotta à la mangue. Au passage vous noterez qu'on mesure l'importance du dirigeant à la sophistication du menu du plateau. Plus celui-ci est incompréhensible plus vous êtes invités à une table d'élus…

A peine les plateaux servis que les oreilles sont soumises aux caprices des barquettes en plastique qui luttent jusqu'à la mort pour ne pas qu'on les ouvre. Quand après maints craquements et force contorsions, elles capitulent tout le monde plonge à l'intérieur et oublie totalement celui qui a la malchance de tenir le crachoir.

Quelle aventure de programmer sa prochaine réunion dans son agenda, accompagnée d'un doigt de moutarde et d'un nuage de crème au chocolat ou d'inonder son Ipad d'une vinaigrette balsamique au basilic. Imaginez la pertinence des propos éructés par des bouches mastiquant avec délice un saumon rôti sauce clémentine !

Quand l'orateur sollicite l'avis de ceux qui n'écoutent pas, ils répondent avec enthousiasme qu'ils sont d'accord. Moralité, si vous êtes stratège, la séance de plateaux repas est très pratique pour obtenir un consensus sans avoir besoin d'argumenter...

Respect

Vous vous interrogez à juste titre sur la présence d'un tel mot dans un vocabulaire de dirigeant ? Et bien sachez que le respect est très souvent nommé dans les chartes. C'est important qu'il soit présent et visible sur papier glacé, c'est le seul moment où on peut l'entrapercevoir...

Le respect teinté d'obséquiosité est proportionnel à l'ambition du soumis et au grade du soumettant qui se contente plus prosaïquement d'autoritarisme et de mépris dans ses communications descendantes.

Résultats

Les résultats rythment la vie des entreprises. D'annuels, ils sont devenus semestriels, puis trimestriels et gageons qu'avec la créativité sans limite des financiers qui nous gouvernent, ils seront bientôt au menu à la quinzaine et à la carte à la journée !

Le court terme est en train de tuer l'économie et d'hypothéquer l'avenir.

- Comment voulez-vous que, j'investisse dans de telles conditions ? Il faudrait que j'attende pour rentabiliser ma mise ? Combien de jours ? Comment, deux ans ! C'est pas marqué Abbé Pierre, vous devez confondre.

Rassurez-vous, ce n'est pas l'avenir de nos dirigeants qui est en danger, simplement celui de nos entreprises. Surtout ne pas confondre ! Ce n'est pas parce qu'ils disent *mon* entreprise avec la main sur le cœur, qu'ils se sentent engagés à vie.

C'est un peu comme dans leur couple, ils jurent fidélité mais s'ils trouvent un meilleur placement, ils ont le courage d'abandonner avant la faillite. Mais la comparaison s'arrête là. Autant le divorce d'avec son conjoint peut vous mettre sur la paille, autant le divorce d'avec son entreprise permet de toucher le jackpot. Ça s'appelle des indemnités de départ, c'est prévu dans le contrat et c'est légal (ne pas confondre légal et moral ça n'a rien à voir).

Présenter des résultats est devenu un travail d'illusionniste, tout le monde sait qu'il y a un truc mais si les manipulations sont de qualité, on n'arrive pas à le trouver, même si on est commissaire aux comptes. Et puis, même si on voit un petit quelque chose, on ne va quand même pas tuer le métier ! Un commissaire aux comptes qui ne certifie plus les comptes, c'est un commissaire aux comptes au chômage ! Pas la peine de venir gonfler les statistiques de pôle emploi, un peu de solidarité que diable…

***

S

Sexe

Je vous sens dubitatif... que vient faire ce mot dans le vocabulaire du dirigeant vous dîtes-vous. Ah, mais c'est que vous êtes soit vertueux soit naïf, voire les deux !

Le sexe est omniprésent dans l'entreprise. D'abord parce que les dirigeants hommes continuent d'occuper outrageusement les principales sphères de pouvoir. Ils luttent désespérément pour maintenir cet état de fait au mépris des politiques en matière d'égalité professionnelle qu'ils font mine d'encourager. Ensuite parce que certaines femmes — qui n'ont rien à envier à leurs pairs en matière d'égo surdimensionné, d'autoritarisme et de perversité — profitent de ces mêmes politiques pour accélérer leur accession aux dites sphères du pouvoir.

Ne croyez pas que le sort des autres femmes les soucie le moins du monde. Seul le leur les préoccupe et, telles les courtisanes d'une autre époque, elles utilisent sans vergogne leurs atouts pour atteindre le firmament tout en dénonçant avec force le sexisme dans l'entreprise. Pourquoi pas me direz-vous, il n'y a pas de raison pour que tous les cons, les salauds et les incompétents soient exclusivement des hommes, un peu d'égalité que diable !

Sexe encore car puisqu'il gouverne le monde depuis toujours, il gouverne aussi les entreprises.

Le pouvoir serait, selon Henri Kissinger *« l'aphrodisiaque suprême »*, de là à conclure qu'il exacerbe le désir il n'y a qu'un pas. Cela oblige les dirigeants à chercher des exutoires et ce d'autant que la pression, des clients, du marché, des banquiers... les met en permanence sous tension. Pour relâcher cette dernière, il est de notoriété publique que certains hauts dirigeants rendent volontiers hommage à toutes celles qui portent une jupe et des bas. Mais les dirigeants éclairés font des entorses à la tradition et vont jusqu'à courtiser celles qui n'ont pas de bas ! (tout fout l'camp !) Enfin les avant-gardistes s'intéressent également de près à leurs jeunes congénères du même sexe, tant l'ambition qui les dévore en fait des proies faciles.

Les promotions canapé existent, je les ai rencontrées ! Malheureusement tous les canapés n'accouchent pas de promotions. Le pouvoir sert souvent à mettre la pression et à abuser de sa position dominante pour dominer dans toutes les positions ! Les inégalités en la matière restent flagrantes et les mâles n'ont pas le beau rôle.

Stratégie

La stratégie a une odeur puisqu'on dit « sentir le vent venir ». Elle consiste à définir des buts et les meilleures façons de les atteindre. Comme aucun dirigeant digne de ce nom ne saurait pouvoir dire où il veut aller compte tenu de l'incertitude et de la complexité, la stratégie consiste à ne plus en avoir et à s'adapter en continu à la conjoncture. Moralité, on peut passer très rapidement d'une entreprise phare ayant le vent en poupe, à une entreprise qui sombre à la première bourrasque.

Ce qui reste stratégique, c'est de mettre les chaloupes à la mer avec le maximum de salariés, pour alléger le bateau qui prend l'eau. Ils n'ont plus qu'à ramer pour retrouver un autre navire moins chahuté ou faire escale au port du pôle emploi pour espérer faire partie d'un prochain équipage.

Il fut un temps où le boulot d'un dirigeant stratège que d'aucuns appelaient « patron » consistait à développer son entreprise nonobstant la conjoncture. Il s'agit plus maintenant de savoir s'adapter, c'est à dire changer de cap à chaque coup de vent, naviguer sous un nouveau pavillon au moindre abordage ou vendre à l'encan quand la tempête fait rage.

En termes de compétences on est passé d'aventuriers visionnaires, courageux et ambitieux à trouillard, opportuniste, égoïste, sachant compter. Comme l'école s'évertue toujours à faire de nos futurs dirigeants des calculatrices intégrales, tout va bien. Voyez à quel point notre monde est cohérent !

***

T

Talents

L'entreprise se met au show biz. Après avoir essayé des années durant de parler de compétences puis de potentiels et s'être heurtée aux limites des unes et aux aléas des autres, l'entreprise a décidé de piller le seul monde qui fasse rêver la jeunesse, j'ai nommé le monde artistique.

Le manager est dorénavant sommé de développer les talents. S'ajoute à cette difficulté le fait qu'on lui dit dans le même temps que tout un chacun a du talent, ce qui laisse dubitatifs nombre de managers qui ont la lucidité de se regarder en face. Et de se gratter la tête en se disant : bon sang de bois où ai-je bien pu cacher ce foutu talent ? Car personne n'a encore osé poser la question qui tue : comment peut-on développer les talents des autres quand on en est soi-même totalement dépourvu ? Et pour cause, le postulat de départ exclut la question. Quelques rebelles ont bien essayé de dire : venez voir les zèbres dans mon équipe et trouvez-moi un talent, mais les dirigeants ne s'approchent pas souvent des réserves de travailleurs, même si elles sont supposées remplies de talents.

Les politiques de développement parlent donc de talents, de boutures, de greffes, de semis, de jachères, bref de jeunes pousses en devenir qui promettent de devenir de grands dirigeants. Pour cela il faut les détecter à temps, les arroser de pensées positives, les planter dans des terreaux arides pour voir si elles font pousser de l'herbe grasse, les plonger dans des cultures nouvelles pour voir si elles fécondent une nouvelle hybridation qui produira de l'EBITDA en bidon de 10 litres.

Mais force est de constater que la plupart reproduisent au lieu de produire, et les mêmes recettes conduisent aux mêmes indigestions.

Le clonage de l'élite d'aujourd'hui accouchera demain de récoltes d'élites frelatées dépourvues du moindre talent. Le talent devient donc le talon d'Achille des entreprises et l'étalon de mesure de leur devenir !

Certains pédagogues ont essayé le fameux « dessine-moi un talent » avec de grands dirigeants. Le premier a dessiné une machine à calculer, le deuxième une machine à sous et le dernier une roulette. Ceci n'a rassuré personne.

Transparence

Plus on vous en parle, moins les choses sont claires et plus il faut vous inquiéter. La transparence est au discours du dirigeant ce que l'écran de fumée est au feu. En d'autres termes derrière l'écran ça peut chauffer pour vous. Ceci dit, si on voyait à chaque fois la réalité à travers une vitre sans tain, ce serait la guerre en permanence. C'est un peu comme avec la mort mieux vaut vivre sans connaître la date de la fin pour ne pas gâcher le plaisir.

- Monsieur Pichon je vous le dis en toute transparence vous êtes nul et ne servez absolument à rien. Je vous invite à nous quitter immédiatement. Quand je dis je vous invite, pour être tout à fait transparent, vous n'avez pas trop le choix, vous êtes viré.

- Alors ma petite Françoise en toute transparence que pensez-vous de mon management ?

- Le simple fait d'utiliser ce mot me semble usurpé. Vous êtes un vieux chef, incompétent, phallocrate, colérique et totalement has been. Je pense que je pourrais dès aujourd'hui prendre votre place pour le plus grand bien de notre société. Ceci dit en toute transparence.

- Monsieur le commissaire au compte, pour être tout à fait transparent, nous falsifions nos comptes depuis des années. Seule la médiocrité crasse de votre prédécesseur nous a permis de passer à travers les mailles du filet. Avec vous c'est une autre histoire, je vous propose en toute transparence de certifier nos comptes et de prendre au passage 10% de notre bénéfice net après impôts. Qu'en dites-vous ?

- *En toute transparence je récuse ce genre de méthodes, à combien s'élèverait la dite somme ?*

Travail

Tout le monde s'accorde à plébisciter le travail mais tout le monde ne met pas la même chose derrière le mot. Le dirigeant est nostalgique du Taylorisme et cherche désespérément le néo Taylorisme qui lui assurerait le jackpot intégral. Travail rime pour lui avec tiroir-caisse et il ne comprend pas tous ces débats autour du temps de travail, des trente-cinq heures et autres utopies du même genre. Au début, il croyait qu'on parlait de 35 heures par jour jusqu'à ce qu'il réalise que les journées n'avaient que 24 h, encore une autre hérésie ! Comment voulez-vous qu'on concurrence les chinois.

Et voilà qu'on parle maintenant de bien-être au travail ! Pire, de dangereux extrémistes ont créé l'université du bonheur au travail ! Hé, stop ! Qui dit travail dit effort, qui dit effort dit souffrance, c'est pour ça qu'on dit que toute peine mérite salaire. Parce que si les travailleurs sont réellement heureux, il supprimera les salaires, on n'a jamais vu quelqu'un être payé pour être heureux. Quand il dîne dans un 3 étoiles, personne ne lui a jamais fait cadeau de l'addition (il est vrai que c'est le Groupe qui paye). C'est décidé, il va militer pour le bien être, plus les taux de satisfaction augmenteront, plus les salaires diminueront !

Ceci dit, il n'y croit pas beaucoup, les gens ne pensent qu'à l'argent, surtout quand ils n'en ont pas. Ils sont tellement cupides qu'ils préfèrent encore mal vivre au travail et toucher un salaire, fusse-t-il dérisoire. Cette mesquinerie le blesse, mais il ne peut pas sauver l'humanité à lui tout seul. Alors il fait avec et continue à sacrifier son idéal en rêvant d'un monde parfait où des travailleurs enthousiastes et heureux viendraient dès l'aube rejoindre les chantiers et repartiraient au crépuscule, sans autre rétribution que le plaisir de partager une aventure commune.

Engagement, désintéressement, dévouement, renoncement, abnégation, voilà des valeurs comme on n'en fait plus qu'il est malheureusement le seul à porter comme un emblème au firmament du travail !

- Monsieur, votre billet d'avion en business class est réservé ainsi que votre hôtel 5 étoiles et voici votre avance de 5.000 € pour vos faux frais lors de votre prochain déplacement en Chine.

- C'est pas trop tôt on voit bien que ce n'est pas votre portefeuille.

***

U

Undelete
Peut-on undelete un licenciement boursier à partir d'un clavier AZERTY ?
Non.
Dommage !

Urgence
De Bugarach à Chichent Itza c'est la déprime. On ne peut même pas faire confiance aux Mayas, ils mériteraient d'être dirigeants !

Même si on a raté la fin du monde d'un cheveu, les entreprises pour lesquelles l'anticipation est une seconde nature, vivent comme si elles risquaient de ne pas survivre à la publication des résultats trimestriels ! Tout est toujours urgent, et plus celui qui porte la demande est assis près du Bon Dieu, plus l'urgence devient urgente.

Vous ne comprenez pas ? C'est pourtant simple, à partir du moment où tout est urgent plus rien de l'est et toutes les demandes sont traitées de la même façon. Donc si vous avez une vraie urgence (ça peut quand même arriver un jour de fin du monde…), il faut préciser que c'est une urgence urgente ! Quelle influence cela aura sur celui en charge de la traiter ? Aucune, mais ça vous rassurera et vous donnera bonne conscience.

Tout le monde en entreprise a parfaitement intégré qu'il fallait mieux répondre tout de suite n'importe quoi (en particulier quand ce sont les financiers qui veulent une réponse) plutôt que d'essayer d'expliquer qu'il faudrait raisonnablement plusieurs jours pour apporter une réponse pertinente…

***

V

Valeurs

Les valeurs valent-elles quelque chose au hit-parade des entreprises cotées ?

Non, rien, nada, peau de balle. Leur valeur est nulle, personne n'y croit une seconde (encore moins ceux qui les édictent) et personne n'y voit le moindre avantage concurrentiel.

Examinons le TOP 3. Comme au tiercé, en fonction de l'entreprise, vous pouvez l'avoir dans l'ordre ou dans le désordre, mais je vous rappelle que de toute façon ça ne vous rapporte rien !

En tête arrive ces derniers temps **l'innovation.** On vous propose de participer à un Hackathon (pas de panique, pas besoin d'être Japonais ni de se faire hara-kiri) pour sauver votre business avec des innovations de rupture. Si vous êtes imaginatif et disruptif, on vous incube (on vous entube aussi un peu). Une fois dans l'incubateur, votre idée est sous cocon et vous la couvez jusqu'à ce que la chenille se transforme en papillon et que vous puissiez voler vers de l'EBITDA en barres.

Oui, mais brûler des cierges ne suffit pas toujours, l'innovation ne s'épanouit pas bien dans les univers mus par une pensée unique érigée en dogme. L'innovation requiert une mixité de compétences et de culture, une capacité à accepter la prise de risque et non le trouillomètre à zéro dès que son chef tousse ou éternue.

- Sortez de dessous ce bureau Perrichon, j'ai juste un chat dans la gorge.
- Vous me fatiguez Blanchard avec vos idées de ruptures, c'est la digue de ma patience qui va se rompre prochainement si vous continuez à me bassiner avec vos innovations farfelues.

Certains dirigeants traditionnels convaincus du bien-fondé de l'innovation ne comprennent pas pourquoi ça ne fonctionne pas. En quoi la volonté de tout voir et de tout contrôler serait antinomique avec l'innovation ?

Seigneur éclairez-les ! Non finalement, éteignez-les plutôt, ça réduira la facture énergétique et la fracture culturelle.

La **coopération** est très bien placée. Là, chacun de se tenir les cotes à force de rire, ou de mettre Barbara et d'ouvrir le gaz à force de désespoir. Au pays des égos surdimensionnés, la coopération portée aux nues… Ça doit relever de la catharsis, mon Dieu, faites que j'aime mon prochain comme moi-même. En entreprise, la seule fascination qui existe est celle de la hiérarchie. L'importance des gens se mesure à leur statut et à leur place dans l'organigramme, sûrement pas à leur compétence et encore moins à leur prédisposition à la coopération. Ceci n'empêche pas nos chers dirigeants d'offrir des livres sur le sujet à chaque participant lors des grands raouts pour montrer l'esprit d'ouverture qui les anime. Dans le meilleur des cas ils ont lu le titre, pour le reste ils n'ont pas le temps, ils bossent eux !

Enfin, arrivent en troisième position la **qualité de service et la satisfaction client**. Si vous me trouvez un client en France qui témoigne que la qualité de service est supérieure à celle qu'il connaissait il y a quinze ans, faites-le empailler pour l'immortaliser. La seule préoccupation dans la relation client, c'est le coût. Ensuite on prie pour que les clients ne s'en aperçoivent pas. La qualité de service est parfaite quand le client n'a besoin de rien... Quand il a besoin de quelque chose, faudrait-il qu'il arrive à joindre son fournisseur, sans rester deux heures l'oreille en surchauffe collée au téléphone (au passage je comprends mieux pourquoi on est passé « d'assistance téléphonique » à « Hot line » !). À force d'entendre pour la centième fois les mêmes mesures de la symphonie du nouveau monde, ils ont réussi à m'en dégouter.

Remettez-moi un zest d'ancien monde SVP.

Vertu

Le dirigeant est vertueux. Là je vous sens quelque peu sceptique... Et bien je le prouve ! Par exemple, il arrive tôt le matin et part tard le soir pour pas que tout le monde voit qu'il se déplace dans une luxueuse berline avec chauffeur que lui octroie gracieusement son entreprise. C'est de la vertu.

Il tient soigneusement cachés ses revenus, bonus, stock options, retraite chapeau... pour ne pas faire d'aigris et de jaloux. C'est de la vertu. Il s'accorde des augmentations à faire frémir les autres salariés mais a la sagesse de se les réserver en exclusivité pour protéger son entreprise de la faillite, c'est de la vertu.

Malheureusement la presse qui ne respecte rien, publie des chiffres qui ne font que blesser les lecteurs (sans qu'ils s'en trouvent augmentés). La presse n'est pas vertueuse.

La vertu n'a pas de limite, on raconte que certains vont jusqu'à aller en prison à la place des vrais coupables tellement ils sont vertueux. Sainte vertu priez pour eux.

Vision

Le dirigeant doit avoir une vision, attention pas des visions ! Là réside la différence essentielle entre le touriste privé d'eau dans le désert qui voit une oasis et le dirigeant opportuniste qui a une vision et aménage un parc d'attraction dans le dit désert. La source de l'inspiration est la même, mais elle ne coule pas de la même façon !

Les grands dirigeants cumulent. Il leur arrive – souvent par hasard – d'avoir une vision mais ils ont le plus souvent des visions. Ils s'imaginent en sauveur de la planète, en messie charismatique, en apôtre de la multiplication des dividendes alors qu'ils ont pour la plupart la vision d'une taupe dans une cabine de bronzage, qu'ils sont interchangeables et ne valent donc pas grand-chose au mercato des dirigeants.

***

W-X-Y-Z

WC

Encore appelés chiottes dans certaines entreprises sous-développées, ils représentent une source d'économie fondamentale en ces temps de recherche de performance. Une étude technico-sanitaire a permis d'établir qu'un salarié français moyen passait 25 minutes par jour dans les toilettes ! À l'heure où les débats sur la compétitivité du travail font rage et pendant que les Chinois élevés au riz ne chient qu'une fois par semaine, comment voulez-vous qu'on s'en sorte !

Il est par ailleurs établi que 10% des salariés font une petite sieste quotidienne dans les toilettes. Enfin, cette étude scientifique démontre que la quantité de PQ utilisée met en péril notre écosystème et la pérennité de la forêt amazonienne. Sachant par ailleurs que les entreprises se féminisent et que les femmes utilisent cinq fois plus de PQ que les hommes, la fin semble inéluctable.

Mesdames, reprenez-vous et sauvez la planète, restez définitivement constipées ne serait-ce que pour être en harmonie avec les tristes sirs qui vous gouvernent.

X

Lettre illustre s'il en est, non pas parce que les films porteurs de cette glorieuse étiquette laisseront des souvenirs impérissables aux cinéphiles, mais parce qu'elle évoque le must des dirigeants : les polytechniciens. L'X est à la grande école ce que la climatisation est à la voiture : unique, avant-gardiste en son temps, surannée aujourd'hui. Extraordinaire machine à fabriquer de l'élite en série pendant des années, à produire une pensée uniforme et des réflexes de caste, cette aristocratie nous gouverne en continuant à voir le monde dans une lanterne magique. Puisse-t-elle se métamorphoser au kaléidoscope de la diversité pour être enfin utile à notre société.

Y

Ah cette fameuse génération Y ! Que de conneries peut-on lire sur elle ! Les dirigeants la courtisent comme des geishas et s'étonnent ensuite qu'elle ait des attentes voire des exigences. Ils veulent des jeunes créatifs, ambitieux, entrepreneurs et voudraient qu'ils fassent allégeance à n'importe quel crétin qui les dirige.

Je veux le beurre, l'argent du beurre et la crème des grandes écoles. Des créatifs, des talents innovants, charismatiques, adaptables, souples mais surtout de l'échine et si possible amputés de tout sens critique.

Touchez ma bosse mon jeune ami et répétez-moi que je suis le patron le plus séduisant que vous ayez jamais rencontré, un visionnaire qui vous fascine, le phare qui éclaire la route dans la tempête.

- Chef, sans vous faire offense, c'est une ampoule fluo-compacte à économie d'énergie basse consommation votre phare, parce que j'y vois que dalle !

Zéro

Après avoir fui le zéro pendant toute leur scolarité, au point d'en faire des cauchemars, les dirigeants semblent être entrés en religion pour le célébrer.

Le zéro défaut arrive en tête de leurs offrandes, comme si la perfection pouvait être de ce monde. Ça doit relever du mimétisme, ils se rêvent tellement parfaits qu'ils ne comprendraient pas que leur entreprise ne leur ressemble pas !

Le zéro accident est très bien placé, non pas parce que nos dirigeants se préoccupent sincèrement de la santé de leur personnel ou de leur sous-traitants, ne soyez pas naïfs, mais parce que les accidents coûtent cher, véhiculent une mauvaise image de l'entreprise et surtout ont un impact sur le montant de leur bonus ! Moralité, déclarer un accident du travail relève de la faute professionnelle et expose à des sanctions visibles ou larvées. Ce qui est sûr c'est que le zéro augmentation est garanti ! C'est sans doute un des zéro les plus fantasmés chez les dirigeants. Hélas ! il n'est pas si facile à maintenir dans la durée compte-tenu du nombre d'empêcheurs de s'enrichir en rond qui revendiquent.

Heureusement que la crise est là et que la mondialisation permet de faire des comparaisons avec les plombiers Polonais, les électriciens Moldaves ou des téléconseillers bengalis qui sont nettement moins exigeants et beaucoup plus productifs !

Objectif 2017, zéro con aux manettes de notre planète, on peut toujours rêver…

******

BONUS

Critiques auxquelles vous avez échappé !

- Pamphlet aigri d'un traître à ses pairs, cet ouvrage nauséabond a des relents d'extrême gauche ou de gauche caviar. On y perd ses repères tant l'auteur s'acharne injustement sur la classe dirigeante qu'il se targue de connaître mais dont il méconnait manifestement la valeur et les vertus. Allez faire votre révolution ailleurs, triste sire que vous êtes et ne venez pas polluer notre belle France. *Malheurs actuels*

- Depuis Molière, on n'avait pas vu une telle verve pour dénoncer les puissants. C'est féroce, impertinent, drôle et tristement réaliste. Un auteur à suivre ! *Les oubliettes littéraires*

- Ce petit ouvrage mérite ses lettres de noblesse ! Voilà un alphabet qui nous réjouit et dont on aimerait dire qu'il en rajoute. Las ! les bons mots sonnent juste et on ne peut s'empêcher de se dire qu'on les a rencontrés ces hommes de pouvoir avides et sans scrupule qui écrasent de leur morgue tous ceux qui les entourent. Heureusement pour eux que l'alphabet ne comporte que 26 lettres ! *La quinzaine libertaire.*

- Ce livre est une thérapie contre les dégâts du pouvoir, il devrait être remboursé par la sécurité Sociale ! N'hésitez pas à tenter votre chance, ce peut être le vrai choc de simplification ! *Le panard ensablé*

- Pour qui se prend ce quidam à donner des leçons à une classe dirigeante dont manifestement il ignore tout. On sent à travers ses propos méprisables la frustration et la rancœur de celui qui a rêvé d'atteindre les sommets et qui s'est arrêté au premier palier !

Retournez avec la plèbe vous vautrer dans la fange, vous y êtes dans votre élément et laissez les puissants gouverner. *Le Haro Magazine*

***

Biographie

L'auteur n'est pas tombé tout petit dans la marmite et ce n'est que dans le dernier tiers de son parcours professionnel qu'il a goûté à la soupe dirigeante qui l'a vite rassasié !

DRH au sein d'un grand Groupe international il a eu à de nombreuses reprises l'occasion d'observer le comportement de dirigeants de grands Groupes.

Est-ce de n'avoir pas baigné dès la naissance dans ce bouillon de culture qui l'a immunisé contre les vapeurs nauséeuses du pouvoir ? À moins qu'il ne doive cette immunité à ses racines populaires ou encore à son engagement dans les Ressources Humaines ?

En tout cas c'est de cette expérience *in vivo* auprès de cette espèce en voie de domination que l'auteur s'est inspiré pour faire jaillir ces maux !

Tables des matières

Remerciements 9
A 11
- **Actions** 11
- **Adaptabilité** 12
- **Adresser** 13
- **Agenda** 13
- **Agilité** 14
- **Ambition** 14
- **Anticipation** 15
- **Audace** 15
- **Autonomie** 16
- **Autorité** 17

B 19
- **Benchmarking** 19
- **Bourse/burne** 19
- **Brainstorming** 20

C 21
- **Capital** 21
- **Carrière** 21
- **Charte** 22
- **Communication** 24
- **Compétence** 24
- **Connexion** 25
- **Consultant** 26
- **Coopération** 27

D 29
- **Décider** 29
- **Diagnostic** 29
- **Dialogue** 30
- **Diriger** 31
- **Diversité** 31

E	33
Écoute	33
Égo	34
Entretien	34
Équipe	34
Excellence	35
Expert	36
F	37
Fédérer	37
Fidéliser	37
Formation	38
G	41
Galvaniser	41
Génération	42
Groupe	42
H	45
Hiérarchie	45
I	47
Injonction paradoxale	47
Innovation	48
Internet	48
J	51
Journaux (d'entreprise)	51
K	53
Kaïzen	53
L	55
Leadership	55
Légitimité	55
M	57
Management	57
Mégalomanie	58
Menaces	58
Motivation	59

N 61
    Négociation 61
O 63
    Objectif 63
    Opportunité 63
    Organisation (ré) 64
P 67
    Parties prenantes 67
    Performance 68
    Processus 68
    Projets 70
Q 71
    Quotient émotionnel (QE) 71
R 73
    Reconnaissance 73
    Repas (Plateaux) 73
    Respect 74
    Résultats 75
S 77
    Sexe 77
    Stratégie 78
T 81
    Talents 81
    Transparence 82
    Travail 83
U 85
    Undelete 85
    Urgence 85
V 87
    Valeurs 87
    Vertu 89
    Vision 89
W-X-Y-Z 91

WC	91
X	91
Y	92
Zéro	93
BONUS	95
Biographie	97
Tables des matières	99

www.ingramcontent.com/pod-product-compliance
Lightning Source LLC
Chambersburg PA
CBHW060358050426
42449CB00009B/1791